© 2013, Grossrieder
Edition : BoD - Books on Demand
12/14 rond-point des Champs Elysées
75008 Paris
Imprimé par BoD – Books on Demand, Norderstedt
ISBN : 9782322033584
Dépôt légal : Septembre 2013

Ne pas juger un livre sur sa couverture
C'est difficile je le conçois - comme une âme -
Si ma poésie n'est pas taillée sur mesure
J'espère au moins qu'elle ne sera pas infâme

NEVROSES DE PRINTEMPS
(premier cycle)

CES REVES

Mais d'où viennent tous ces rêves qui me subjuguent ?
De planètes lointaines, de vies antérieures ?
Mais d'où viennent ces rêves dans lesquels je fugue ?
D'ondes hertziennes, ou bien de dieux supérieurs ?

Tantôt je m'envole et plane à haute altitude
Au sommet des montagnes de la Solitude
Tantôt je sauve des enfants de la noyade
Tantôt j'embrasse les lèvres d'une Naïade.

Mes songes me transforment en héros, en Chimère
Ils me transportent en des pays imaginaires
Je suis une onde qui parcourt la galaxie
J'atteins le paroxysme de l'Ataraxie

Je me promène avec Cybèle et ses lionceaux
Et les astres nous baignent de tous leurs faisceaux...

Mais la brutalité du réveil assassine
Les formes de vie qui en moi prenaient racine.

Je vis dans la plus parfaite désillusion
Il faudra bientôt me mettre sous perfusion
Car les rêves ne me nourrissent plus assez
Si j'étais bon vivant c'était dans le passé

L'ai je vraiment été, je ne me souviens plus
Si, si je crois bien qu'un jour j'étais très heureux
Je riais aux éclats, ma tête sonnait creux
Dedans : rien de ce qui aujourd'hui la pollue

Des angoisses, de la fièvre, des insomnies
Des idées noires qui tapissent mes nuits blanches
Mon esprit s'emmêle les pinceaux, il enclenche
Des rituels insensés, des cérémonies

Mais si la folie, doucement, vient me narguer
De savoir toujours rêver je peux me targuer.

O Gloire, que m'importeront tes chants,
Quand réduit à l'état d'os, je ne pourrai m'en délecter.
Toi qu'un ancien poète anglais a reconnu sous les traits
D'une gitane "née sur les bords du Nil" .
Je sais que tu te dérobes à ceux qui, trop présents, te
couvrent de flatteries, tu ne t'abandonnes durablement
qu'à ceux qui savent te rabaisser quand tu les as
toi-même rabaissés.
Je ne te désire pas, Gloire, mais j'envie parfois ceux à
qui tu offres tes charmes.

Je sens que je suis en train de m'éteindre
A petit feu la Mort va finir par déteindre
Sur mes yeux fatigués et mes dents jaunes
C'est peut-être l'effet de la couche d'ozone

Je n'étais qu'un parmi eux, un parmi tant d'autres
Par milliers, j'ai compté les jours en attendant
De me dire : "Mon gars, tu n'es plus un perdant."
De pouvoir être enfin compté comme un des vôtres.

Et quelle tristesse de mourir ainsi à Minuit
Sans Amour, sans Espoir et sans Gloire
Mais enfin il faut se résigner
Je n'ai jamais su danser et je n'ai jamais pu croire
Je suis la victime désignée
Par le mauvais sort ; le Hasard, lui, fait tomber la pluie.

Adieux à moi même, adieux au monde,
Dominés par l'illusion de domination de l'argent
Adieux à la beauté, qui n'existait pas
Sauf sous l'aspect de représentations éthiques
conditionnées.
Oui qu'est ce qui était beau, et qu'est-ce qui ne l'était
pas ?
Et les couchers de soleils sont enterrés
Et, j'ai beau les faire renaître sous mes doigts, les
plaintes du vent meurent inlassablement sous les toits.
Adieux à ma fierté, honteuse de n'avoir jamais voulu
échouer
Adieux radieux, il fait un peu froid
Adieux odieux, la tête du roi
Adieux à ma virtualité, réalité virtuose
Vertueuse spiritualité, le balbutiement d'un étourneau fit
renaître ma prose.

Je sais qu'il existe le bruit et le silence
Gagnerai-je un jour un prix pour mon ignorance
Le plus souvent les gens parlent pour ne rien dire
Et moi alors qu'aurais-je de plus à écrire ?

Des rires me poursuivent dans la rue déserte
Qu'ai je donc fait pour que l'on se moque de moi
Est-ce mon allure, mes cheveux ou ma voix ?
Plus je parle de moi, plus je cours à ma perte

Parler d'autre chose m'y conduirait aussi
Ne rien dire, ne rien écrire, serait pire
(Si j'en avais un) je donnerais mon empire
Pour savoir ce qui peut me tourmenter ainsi

C'est la faute au firmament, je ne peux l'atteindre
C'est la faute à ma maman (vous pouvez la plaindre)
C'est la faute au monde qui est trop imposant
C'est la faute à l'alcool dont j'étais partisan.

Non ce sont mes sentiments ou mes sensations
Ils me regardent avec des yeux plein de défiance
Ils m'empêchent de me plaire dans l'insouciance.
J'en achèterai de nouveaux en promotion

Ceux-ci sont usés, ils fonctionnent de travers
Ou bien je les interprète mal, à l'envers.
Mais je parle encore de moi, moi l'égoïste
Mon humble poème en devient fade et trop triste.

Aujourd'hui (et pour la vie), je suis un tocard
Celui qu'on n'aimerait pas, fût-ce dans le noir
Cela me va et je me suis fait à l'idée
On ne peut pas toujours vouloir se suicider

Demain peut-être je serai cet homme illustre
Je n'en profiterai guère et cela me frustre
Nous fait-on mieux qu'on était quand la mort nous
fauche ?
Ma vie serait alors une médiocre ébauche

Je me regarde dans le miroir de la mer
J'y vois quelqu'un de seul, imparfait, assez laid.
Je n'ai pas la tête à vivre dans un palais,
Je suis finalement, somme toute, sommaire.

Je crois simplement que je manque de charisme
J'ai la même ambition qu'un éternel valet
Pour devenir roi, j'aurais besoin d'un délai
D'une vie toute entière ou d'un autre atavisme

Eh voilà soudain les prémices d'un séisme
La mer se trouble et mon image également
Je vais un peu mieux, j'espère durablement
Je fais parfois preuve d'un trop grand pessimisme.

Je me suis déjà beaucoup humilié
« Honte » est le nom inscrit sur mon collier
Il brûle ma peau, il ronge mon âme
Il m'affaiblit et il effraie les femmes.

J'étais à deux doigts d'appuyer sur la gâchette
A un cheveu de me faire exploser la tête
Mais mon arme était factice et mon désespoir
Basé sur la quête d'un bonheur illusoire

Factice mon collier, fausse mon arme
Mon désespoir lui aussi falsifié
L'espoir, un mot plus court, dois-je m'y fier ?
Que ne coulent sur mes joues de vraies larmes ?

Le sentiment n'existe pas en tant que tel
C'est un accessoire ou juste une bagatelle
Seul l'homme heureux peut se sentir désespéré
Un truc de poète pour paraître inspiré.

Chanson de la poussière

Immondes, immondes ces secondes
Inonde, inonde-moi de tes ondes
Une brune ou blonde ne veut pas me répondre
La lune sur ce monde froid s'effondre

Mais rien ne nous enchaîne, l'Ancien nous a menti
On a eu un peu de peine, on a perdu la partie
Il nous l'a redit hier : "Je n' sais pas à quoi on sert, on est
que de la poussière, on est que de la poussière."

Des cendres, des cendres de cigarettes
Descendre, descendre de ma planète
Dépendre, dépendre de ta silhouette
Défendre, défendre les alouettes.

Mais rien ne nous enchaîne, l'Ancien nous a menti
On n'a pas eu de veine, on a raté la sortie
Il nous l'a redit hier : "les gars faites vos prières, on est
que de la poussière, on est que de la poussière."

Cerveau, cerveau rempli de trou
ça vaut, ça vaut pas un clou

Défauts, défauts défectueux
Des faux, des faux mots vertueux

Mais rien ne nous enchaîne, l'Ancien nous a menti
Il a manqué d'oxygène, allongé dans les orties
Il nous l'a redit hier : "nous avons beau être frères, on est
que de la poussière, on est que de la poussière."
Non rien ne nous enchaîne, Tous nous auront menti
Du venin coule dans nos veines, il nous anéantit,
Ils nous l'ont redit hier : "on passera la mort entière
A contempler la poussière, à embrasser la poussière."

STASE
(second cycle)

Réapprendre

J'aimerais que quelqu'un me réapprenne à vivre
A rire sans raison, rire sans être ivre
A croire de nouveau en la beauté terrestre
A savourer la Nature et tous ses orchestres

Le chant des flocons qui dansent dans l'univers
La glace qui crépite le temps d'un hiver
Et la pluie... N'a t-elle pas créé la Musique
Il faut me réapprendre, je suis amnésique

Les feuilles d'Automne ne font que m'éprouver
Le charme des fleurs je ne sais plus le trouver
Où sont-ils passés les arcs-en-ciel extatiques
Chaque jour au jour précédent est identique.

Il faut qu'on me réapprenne à vivre en vitesse
A apprécier la lune et sa délicatesse
A vouloir encore admirer l'éclat des roses
Avant que ne s'assombrisse un peu plus ma prose.

L' Immobile

Je compte les tâches sur mon plafond
Non, je ne fais pas cela par passion
Je crois juste que j'ai touché le fond
Oui, j'ai eu comme une révélation

La vie n'est qu'une immense mascarade :
Les uns regardent, les autres paradent
C'est certain, parfois les rôles s'inversent
On gagne on perd, les esprits tergiversent.

Je préfère donc fixer l'Immobile
Je ne veux plus suivre le mouvement
A force mes yeux deviendraient débiles
Mornes comme un téléfilm allemand.

La cigarette

J'ai fumé deux paquets de cigarettes
Juste pour le plaisir de la nausée
Demain je répéterai : "Si j'arrête !"
Je serai un homme calme et posé.

Ouais l'eau deviendra ma meilleure amie
Je serai plus fort que cent tsunamis
Peut-être que je ferai un bébé
A une femme qui daigne m'aimer

Je ferai du sport toute la semaine
Et deviendrai musclé, un phénomène
En attendant je sirote une bière
Tranquillement, j'en grille une dernière.

Indifférent

Je crois que j'attendais un signe
Que quelqu'un me dise « Je t'aime »
En étais-je seulement digne ?
On récolte ce que l'on sème.

En fait, je suis comme vous tous
Quand je suis malade je tousse
Je pensais être différent
Pour qui est-ce que je me prends ?

L'homme et la femme

Les femmes ont un pouvoir sur le pouvoir lui-même
Cruelles si elles ne disent pas « Je t'aime »
Elles sont belles quand elles sont à genoux
Et un peu moins lorsque leurs langues se dénouent.

Les hommes ont un petit faible pour la faiblesse
Cruel : ne faudrait-il pas les tenir en laisse ?
Ils sont charmants lorsqu'ils ne réfléchissent pas
Un peu moins s'ils se mettent à faire les cent pas.

L'homme et la femme sont des animaux étranges
Je n'aime ni l'un ni l'autre et cela m'arrange
Car mon amitié je la réserve pour les arbres,
et pour les plantes.
Mais de même que l'inaction les habite, des fantômes
me hantent.

Si

Si je t'aime, je serai détestable
Semblable à un ancien système instable
Une machine qui ne veut pas démarrer
Un argument fou qu'on cherche à contre-carrer.

Si je t'aime, je serai exécrable
De la moisissure sur de l'érable
Un jouet cassé impossible à réparer
Un tic dont on veut à tout prix se séparer

Si tu m'aimes, j'essaierai d'être aimable
A toute tentation, imperméable
Sensible et tendre, la jalousie de côté
Fort et sincère, j'embellirai ta beauté

Si tu m'aimes, je serai réformable
De la pâte à modeler, malléable
Ton esclave docile pour l'éternité
Un texte qui manque de personnalité.

Ma tête ne trouvera le repos
Que dans le creux de ton épaule nue
Alors seulement je ferai la peau
Au mal qui dans mon esprit s'insinue

Mais je me demande
M'aimeras-tu lorsque les neiges éternelles auront fondu ?
M'aimeras-tu lorsque les rayons du soleil n'épouseront
plus nos terres ?
M'aimeras-tu une seconde entière avant que la Mort ne
me tue ?
M'aimeras-tu tel le sang fluide qui glisse dans nos artères
M'aimeras tu sans me rejeter en pâtures ?
M'aimeras-tu tu malgré les ratés, les ratures ?
M'aimeras-tu hier soir
Ou il y a deux semaines à midi moins le quart ?

Se divertir ou se pervertir
Apparition : deux paires de seins : perdition
En dix versions
Diversion, dispersion et désertion
Peur de l'action ?

Je pars faire mes ablutions

L'obsession viscérale de la possession,
Punition : j'entame une nouvelle addiction.
J'ai la bonne réponse aux mauvaises questions,
J'ai perdu la notion de toutes les passions.

POEMES PRESQUE LIBRES
(dernier cycle)

LA FAUTE AUX MOTS

J'avais un certain talent pour manier les mots
Je les dressais comme on dompte des animaux
Mais les mots ont gagné, ont mangé mon cerveau
Ils ont fait de moi un prisonnier, un idiot

Oh il vous diront que tout va bien mais c'est faux
Et je traîne derrière eux tel un petit chiot
Les mots, écoutez-moi, mettez vous à l'endroit
Vous n'êtes plus les mêmes depuis quelques mois

Le calcul de ces pieds, il vous fait donc si honte
Pour que vous refusiez qu'un par un je vous compte ?
Je vous ordonne pas de tout ne mélanger
Ah, ils recommencent, exprès pour se venger.

Jamais aimées serons nous ne mes pauvres rimes
Les mots fous et leurs syllabes nous persécutent
N'en font qu'à leur tête, ne jouent que pour la frime
Et ne se taisent que lorsqu'un point les percute.

Des corps imbibés
Des sens abîmés
Sages indignés
L'évidence nue

Age du salut
Heure des damnés
Quelque part on joue
Rouge ou blanc s'échouent

Eh tas d'étourdis
Voir fin des soucis.

SEMBLANT DE POESIE

Entre nous,
Il n'y a que du vide,
Ou parfois quelques murs
Ou quelques morts aussi dans nos pensées
Qui ne manquent pas d'air
(Remarquez que lorsque nous nous sommes heurtés à un
mur, c'est que nous étions trop, plein, et en plein air).

Maintenant écoutez ceci
« Entre nous », disait une femme à un homme,
« Il n'y a rien, il n'y a jamais rien eu, il n'y aura jamais
rien ».
Ah il aurait voulu se tuer pour trois fois rien.
(Il pensait qu'ailleurs sans doute des personnes s'amusent
à mourir pour trois fois tout, tout ce en quoi elles croient,
ou ce en quoi elles ne croient plus, ou ce en quoi elles
croient croire...)

Très bien, parlons d'autre chose, oh, et puis non.
Entre... l'amour,
Du verbe entretenir, entre-tuer
Il y a comme de l'eau
Et je ne parle pas des larmes de joie

Qui s'entremêleraient à la tristesse périodique
De gouttes de sang
Que je sois sot si je sais encore de quoi je voulais causer
C'était d'un "o" ou d'un zéro ?
Sois-en fier, toi, si tu t'en souviens
(Parfois notre inconscience crée des énigmes pour nous
tenir tête, obscur mécanisme de certaines intelligences
arrogantes, mais je m'égare alors passons cela).

Finissons-en, concluons.
Et priez le ciel pour que ce soit la meilleure chose que
vous n'ayez jamais lue, quoique, non, car si on trouvait
la phrase parfaite, on la relirait peut-être chaque jour en
boucle.

Entre vous, dirais-je, dans un élan d'inspiration teintée de
mépris pour mon génie,
Dans une sorte d'ivresse comme on en voit lors des
Saturnales, là où les esclaves deviennent maîtres, et ainsi
m'obéit enfin mon esprit.
Entre vous, disais-je donc sans trop y croire, mélangeant
ma foi et mes doutes pour en faire une sorte de bouillie
difforme qui osait se prétendre Vérité,

Entre vous, il y a des ponts
S'il y a une guerre, la paix à quelques pas,
Repentez-vous, vous les propres diables de vos dieux.
Entre vous, il y a des frontières imaginaires,
Des couleurs qui n'en sont pas,
(On vous a dit que le vert était vert, mais il aurait tout
aussi bien pu être bleu)
Des conditionnements fabriqués avec des conditions,
Il y a tout et rien, une vie à continuer.

Entre vous, s'élève un pont,
Peut-être moins, juste un point dans l'horizon.

Je me noie dans ma bêtise
Je m'étouffe en respirant
Je mets le feu à la banquise
Je suis un bien piètre tyran

Je bois de l'eau pour m'enivrer
Je mens toujours – ce n'est pas vrai
Je fais des mots avec des chiffres
Je suis le dernier des sous-fifres.

Comme promis des compromis

Je dis ceci et puis je dis cela
Comme le Double de Dostoïevski
Je me dissocie tu le décelas
Quand j'eus vu trouble à cause du whisky

Je ne jalouse plus les visages joyeux
Je l'avoue autrefois j'étais un peu envieux
Des visages-miroir, des visages-victoire

Visages-miroir
Ils sont tous sosies ou jumeaux
Ou bien ils portent des casques
Et moi je suis flou.
Visages-victoire
Ils sont tous heureux ou très beaux
Ou bien ils portent des masques
Et moi je suis saoul.

L'avenir s'annonçait radieux
Puis quelqu'un m'a parlé de Dieu
"Il faut bien prier", disait-il.
"En quoi cela peut m'être utile ? "

J'ai demandé, un peu anxieux
Le prêtre a froncé des sourcils :
"Gagner le royaume des cieux"
Ça m'a parut trop difficile

Il est de ces pensées qu'il faudrait matérialiser
A l'arborescence de nos neurones qui se désagrègent
A vitesse grand V
Neurones et pensée trop réchauffés.

La veuve a allumé un cierge pour son défunt mari
Comme tous les jours de la semaine finissant par « di »
Le dimanche elle prie, sourit aussi,
Parfois, quand ses petits-enfants viennent la voir,
Le plus grand sait dire « Mamie » mais le plus petit
babille : « Momie, Momie », alors elle rit
Et ses rides se creusent un peu plus.
Vivifiez les vœux
De la veuve pas si écervelée
Encensez le mauvais sens
Absence échevelée
Ayons la décence
De respecter son esprit
Et si elle voit le Messie
Dans la flamme qui s'anime
Je lui prêterai du feu
Afin que ses mains vétustes
Se joignent en des dévotions ultimes.

Un message codé, une énigme insoluble
Je voudrais m'évader, je sais c'est ridicule
Je frappe dans mes mains, pour imiter les miens
J'échoue aux examens, il s'en fallait d'un rien

Je suis un vieil apache exclu de sa tribu
Dans une métropole
Et parfois je me gâche, à force d'avoir bu
J'ai perdu ma parole.

"Tu montes les escaliers en colimaçon,
Dois-je préciser que tu es en caleçon ?
Rentre chez toi ivrogne"
Le type était en rogne.

Il n'a pas vraiment d'utilité.

Vous pourriez le poser dans le coin d'une pièce et s'il est de bonne humeur il chantera une chanson.

Oh non il n'a pas beaucoup de conversation.

« On a eu un joli mois de juillet, la canicule, oui la canicule. »

Et encore ça, c'est quand il est de bonne humeur, sinon il fait des phrases avec des verbes à l'infinitif « Dire cela et n'avoir point de honte » ou « Ecrire des choses si dégradantes » ou « Respirer à faire se réveiller les morts ! »

Mais je l'aime bien cet homme, il est parfois de bon conseil, il m'a dit que si je voulais, je pouvais toujours courir pour qu'il lise un seul de mes vers. Et il était de bonne humeur !

Sur son casque il y a une inscription gravée
On lit mal mais ça doit être écrit "dépravée"
Sursaut bancal, ses cheveux noirs sont en charpie
Son lit en vrac, preuve des amours sans répit
Sourire en coin, elle sait bien comment m'atteindre
Même de loin, j'arrive toujours à la craindre.

J'espère être assez beau, au moins suffisamment
J'espère que je vaux, pour le moins dix amants
Pour le moins dix diamants.

Je porte un vêtement de rancune
Car ces mots si durs et si sincères
Ils m'ont lessivé
Ne pourrai-je me déshabiller de mon passé ?

Les rossignols me chantent ton mépris
Et le silence ton ignorance
Coalition abusive
Le monde me sourit avec compassion, comme on le fait
pour les imbéciles.

Le doute se trouve dans une mèche de ses cheveux
Mais elle ira demain chez le coiffeur
Tout ira mieux pour elle
Et de nouveau l'étoile brillante, qui ne brille que si tu ne
l'observes, qui brille parce que tu veux la voir briller.
Et de nouveau la femme-soleil
Trop aveuglante avec ses pupilles-stroboscopes.
Te regarde comme elle jetterait sa clope
De nouveau c'est toi le mégot
Et de nouveau dans le frigo
Et de nouveau l'immuable compréhension
De nouveau le Monde et sa folle compassion.

J'ai vomi mon cœur
Pour prouver je ne sais quoi
Et toutes mes fleurs
Se sont bien fichues de moi.

J'ai piétiné toutes mes fleurs
J'ai arraché leurs pétales
J'ai pissé sur leurs valeurs
Jusqu'à ce que partout s'étalent

Leur bêtise esthétique
Et mon cœur pathétique.

Et la nuit n'en finit pas de tomber

Tu es belle ce soir dans ta robe d'été
Mais la terre de tourner ne peut s'arrêter
Et la nuit n'en finit pas de tomber.

Les morts n'ont plus de peau, vois leurs os se faner
Les fleurs, vivantes, désirent être butinées
Et la nuit n'en finit pas de tomber.

Les coqs ne chantent plus, un long silence règne
Dans un ciel presque pur, des étoiles s'étreignent
Et la nuit n'en finit pas de tomber.

Tu regardes au dehors à travers les persiennes
Tu te demandes soudain si l'amour s'enseigne
Et la nuit n'en finit pas de tomber.

Alors le froid peut bien venir, le froid hurlant,
Nous n'aurons plus peur car nos cœur seront brûlants
Nos esprits enflammés défieront les frimas
Notre fièvre instaurera un micro-climat.

Et ni sécheresse ni larme dans nos yeux
Mais le bon équilibre, le juste milieu
Sans fierté, nos torses seront bombés
Et la nuit finira bien par tomber.

L'ORACLE

De son corps a jailli une intense lumière
Sa poitrine était nue, froide comme la pierre.
L' Oracle s'est raclée la gorge et a parlé
D'une voix à la fois joyeuse et accablée

"Volonté et patience mères de sagesse
Colère et précipitation mauvaises Muses
J'ai lu tout avenir dans le vol d'une buse
Les Moires sauront faire montre de largesses

Suis le chemin qui va au grand saule fragile
Pense à prendre une quantité d'eau suffisante
Un étranger arrivera, son nom : Brugyl
Comme il est fiévreux soigne le avec la plante.

Il t'offrira de l'argent pour te remercier
Pour indemnité, j'en réclame la moitié.
Destin et Hasard, dans cette histoire, reliés
Qu'ils honorent ma vision, qu'ils soient tes alliés."

DETAILS DE LA VIE DE M.

M est né sans joie, il s'en souvient bien, il a une excellente mémoire. Dehors il neige et à l'extérieur du ventre de sa mère, des infirmières en blouse blanche.

Atome est le Monde, atones sont les pleurs de M.

On enterre le chaton, on a même fabriqué une petite croix. L'oncle Henri dit : « on vit et on meurt ». M se rappellera de ces paroles.

C'est un petit garçon d'une laideur cocasse. Il ne se crée pas de liens avec ses camarades, comme il est fils unique, ses parents paient d'autres parents pour que leurs enfants jouent avec lui. Mais il n'est pas sot, il pense : « Quel étrange monde ».
Tous les soirs avant de s'endormir, il jure de devenir beau, avec un peu de volonté on arrive à tout, lui a dit son père.

Les axiomes créent le Monde mais aphone reste le développement de M.

Cependant, il grandit enfin, adolescent presque adulte

mais d'apparence faible, semble mou et chétif ; on en fera rien, disent les gens qui le connaissent. Pourtant, M n'est pas sot, pourtant même, il possède une intelligence peu commune. Il commence à comprendre comment tout cela fonctionne, comment le Tout englobe les parties, et comment en retour celles-ci permettent le Tout.

Quand il comprend quelque chose, il veut comprendre pourquoi il comprend, il veut saisir les processus de la compréhension. « On vit et on meurt », M se rappelle de ces paroles. Pour le moment il dort.

Le tout et les parties, le monde et ce qui le compose. Des parties partout et le Tout nulle part : impossible de concevoir le Tout, trop grand, trop imposant. Un tout oui, ou le tout minuscule pour chaque être, oui, mais pas le Tout, il n'en veut plus du Tout.

A vingt ans et quelques poils de barbe, il dort, il ne fait pas de mal en dormant.
Mais en éveil le Monde et en sommeil l'évolution de M.

Science et philosophie, politique et religion, voilà des sujets qui absorbent M, ce sont ses lectures qui le fatiguent. Il ne retient pas tout mais il apprend par bribes, il comprend l'immensité souveraine du tout.

Voyez-vous cela, M devient chimiste. Lui qui voulait être savant, c'est chose faite. Par la même occasion, il est devenu beau, il est courtisé par le monde, lui-même courtise le monde. On veut qu'il soit maire, voire plus, on veut en faire un élu.
Son tout est bien, il ne veut plus toucher aux parties mais par la force des choses il se marie.

M a deux enfants, ils sont déjà grands, lui a quelques cheveux blancs. Il comprend que les parties sont innombrables et qu'il aurait beau tout savoir sur le tout, il n'en serait pas plus heureux, pour l'instant il essaie de comprendre ses enfants.

M est vieux, il se repose, il sait que tout est derrière lui, tout est parti, il est satisfait du chemin accompli, il demande à sa femme de prendre soin du chat, il a l'impression qu'il ressemble de plus en plus au chaton de son enfance, mais c'est peut-être sa vue qui diminue ou sa vie qui se démunit.
Il se rappelle de ces paroles : « on vit et on meurt ».

LE HASARD ET LE DESTIN

Il ne laissera rien au Hasard, le Destin :
« Ai-je vraiment besoin de vous faire un dessin
Les mots que vous prononcez sont déjà écrits
Du plus petit soupir au plus long de vos cris

Tout est consigné dans un immense programme
Prévoyant vos futurs bonheurs, vos prochains drames
Et chacun de vos actes est pré-enregistré
Pas de crainte, l'ensemble est bien administré

Une puce implantée dans votre cervelet
Relie vos pensées à mon antenne-relais
Vous avez parfois comme un point à l'intestin
Vous dites : "c'est un pressentiment, mon instinct !"

Ce n'est rien d'autre que moi la Fatalité
Qui opère sans qu'on ne puisse s'en douter
Oh mon discours risque d'être mal perçu
Certains d'entre vous, je le sais, seront déçus

Si vous voulez vous détruire, c'est inutile
Vous renaîtrez ailleurs avec le même style

Les mêmes paramètres, dans un protocole
Où c'est toujours moi qui garderai le contrôle. »

« Ne croyez pas celui qu'on nomme le Destin
Il veut être célébré dans tous vos festins
Il s'approprierait jusqu'au génie de Mozart
Et il nie mon existence à moi, le Hasard

Il ne fera pas non plus de place à la Chance
A lui seul il pense pouvoir mener la danse
Animer des êtres, manipuler des vies
Je le connais bien, il fait gonfler ses chevilles.

Ah, si fier avec ses faux airs de Dieu le Père
Il a oublié qu'à deux on forme une paire
Il peut se méprendre dans ses calculs savants
S'il est stabilité, je suis le coup de vent

S'il est le silence, je suis le chien qui jappe
Je suis au coin de la rue, l'Amour qui vous happe
Je sais être la guérison ou l'infarctus
Au milieu d'un discours je serais le lapsus

Je fais les choses là où on ne m'attend pas
Même moi, je ne sais où me mènent mes pas.
L' Autre pavoise, il refuse l'aléatoire
Mais sur son lac gelé, je suis le Cygne Noir. »

REFLEXIONS POST-ECRITURE

La poésie est-elle à la littérature ce que l'art abstrait est à la peinture ? Je ne répondrai pas à cette question mais je trouvais amusant de faire ce parallèle.

La poésie ne doit pas forcément vouloir dire quelque chose, elle est assez libre et c'est sans doute cela qui me pousse à en écrire. Toutefois je renie une bonne partie des poèmes qui se trouvent dans mes deux précédents ouvrages, je ne me reconnais plus dedans. Je ne ferai pas explicitement la comparaison avec une problématique sexuelle mais je les ai écrit comme si je découvrais l'écriture, en ne pensant qu'au plaisir de voir les mots s'aligner et non pas à ce que le lecteur en penserait.
Je ne suis pas désolé car c'était un apprentissage nécessaire, il fallait que j'écrive même si ça ne ressemblait pas à grand chose. Dans le tas, quelques-uns sont peut-être bons après tout.

Mais j'ai justement acquis ce défaut qui me fait regretter que tout ce que j'ai écrit ne soit pas jugé, au moins par moi-même, bon ou beau.
Je me suis interrogé sur les finalités de l'écriture et en ce qui me concerne, de ma poésie. Pourquoi écrire ?

J'ai trouvé de nombreuses réponses mais je les ai toutes remises en doute. Ecrire pour la Gloire, je trouve cela assez prétentieux, elle ne peut pas être "unanime", pourtant je mentirais si je disais que j'écris pour la non-gloire. Ecrire pour faire fortune, j'y ai pensé mais cela me semble un rêve bien irrationnel, je suis encore assez lucide pour ne pas y croire.

Ecrire pour écrire, voilà la seule réponse qui me paraisse cohérente. Il faut tromper l'ennui et les mots sont un moyen pour ce faire. Alors, comme je l'ai dit plus haut, je ne suis pas fier de tous mes vers mais j'ai cette espérance de pouvoir me retourner sur ceux-ci dans quelques années et de les trouver bons et agréables à lire.

En ce qui relève de mon travail d'écriture, je dirais tout d'abord que si certains ne considèrent pas cela comme un travail, et bien ils ont à la fois raison et tort. Le "métier" de poète requiert une certaine oisiveté, une certaine paresse. Pourtant, pour ce recueil, plus particulièrement, j'ai tenté de faire attention aux pieds et à relire et à recompter et à ré-écrire, ce qui peut éventuellement se rapporter à une notion d'activité (même si elle n'est certes pas aussi fatigante que de travailler la terre de ses mains, par exemple). Si j'ai l'air de me justifier, c'est qu'il le faut, il peut paraître injuste à certains que d'autres écrivent de la poésie, encore plus s'ils la trouvent mauvaise, encore plus si le poète lui-même la trouve mauvaise !

Je désire aussi revenir sur la notion du "je". Ce dernier n'est pas forcément impersonnel comme j'ai pu le clamer auparavant mais il est surtout temporel, le "je" peut refléter un état d'esprit à un moment donné, la poésie ne catalyse pas un faux "moi", elle prend un "moi" instantané pour en faire une sorte de "je" qui se voudrait ne pas être moi mais qui s'appliquerait à d'autres "je" (sans avoir l'orgueil d'être universel). Mais je ne veux pas me perdre en des considérations psychologiques qui sont ici peu vérifiables, alors cessons cela.

A présent, j'aurais envie de m'atteler à une autre forme d'écriture, peut-être moins libre. J'y pense depuis un moment mais en aurai-je le courage et la volonté ? J'avais commencé à écrire ce qui aurait dû être un ouvrage philosophique (il se serait d'ailleurs appelé "Des espoirs désespérants) mais j'ai manqué de ténacité, ou de talent, ce qui fait qu'au bout de quelques pages j'ai tout déchiré.
Ou peut-être un roman ou des nouvelles, mais là non plus cela n'implique pas la même organisation mentale que pour griffonner de la poésie, je laisse donc tout ceci aux mains du Destin et beaucoup aussi aux yeux du Hasard.

Sur ces quelques mots, qui me desserviront sans doute plus qu'ils ne m'aideront (moi-même en tant que lecteur je n'aime pas lire les poètes quand ils s'expliquent, se justifient, quand ils sortent de leur rôle de poète en fin de "conte"), je tiens tout de même à rendre Gloire à la Poésie, et non pas à celle que j'écris, non pas à celle que d'autres ont écrit, et donc non pas aux poètes ni aux hommes, mais à la Poésie elle-même.